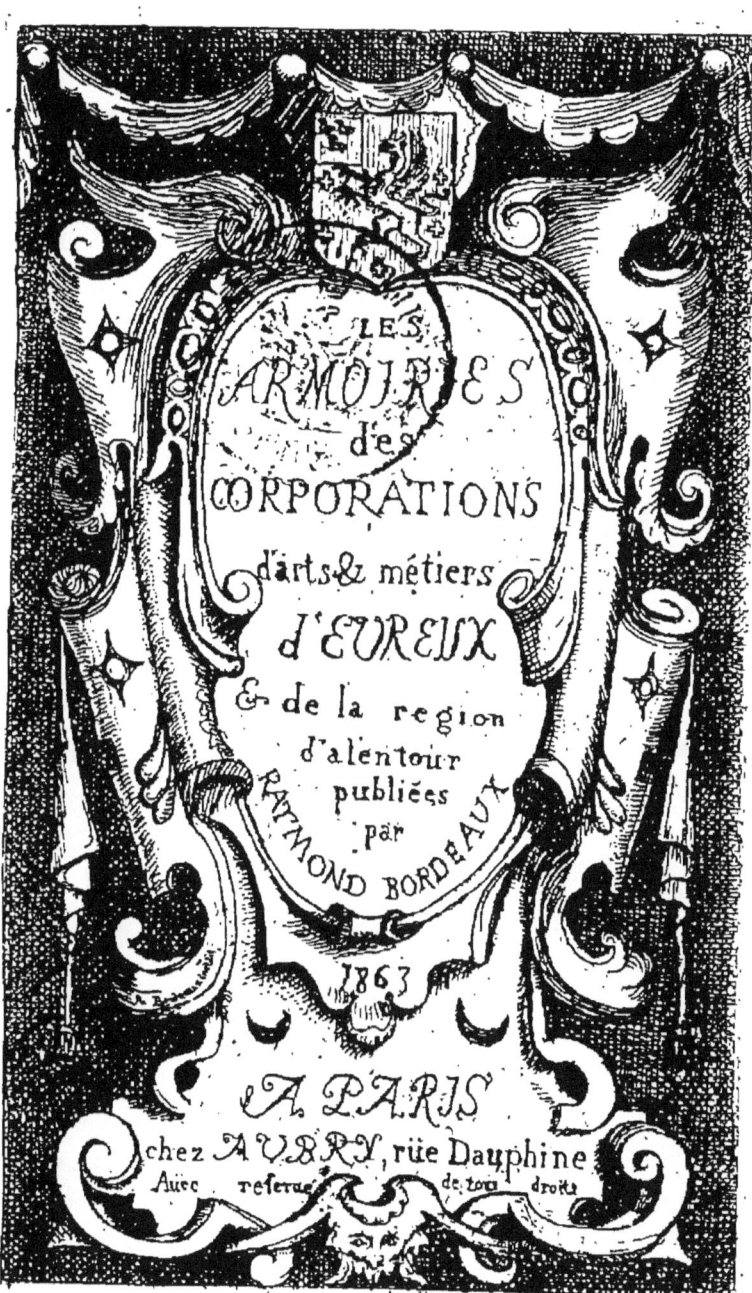

LES
ARMOIRIES
DES
CORPORATIONS
d'arts et métiers
D'EVREUX
& DES VILLES & PAYS
d'alentour,

publiées par
RAYMOND BORDEAUX.

A EVREUX,
Imprimé chez HERISSEY,
rue aux Fevres.

M. DCCC. LXIV.

Tous droits réservés.

PRÉFACE.

E blason, naguère abandonné, a repris depuis quelques années une grande faveur; l'art du décorateur notamment tire le meilleur parti des brillantes combinaisons de couleurs des armoiries. La vogue de l'art héraldique s'est surtout manifestée à l'exposition universelle de 1855 : on peut se rappeler les innombrables écussons qui resplendissaient de toutes parts dans le palais de l'Industrie. A Evreux, lors du concours régional de 1857, l'administration eut la bonne idée de convoquer pour le cortège les divers corps de mé-

tiers de la ville, et beaucoup de ces corporations firent faire de riches bannières décorées de blasons. Malheureusement, la plupart de ces armoiries, improvisées pour la circonstance, n'avaient rien d'authentique, car les organisateurs de la fête ne savaient où retrouver les blasons qui avaient été officiellement concédés autrefois aux communautés d'arts et métiers. Les corporations de Louviers ont à leur tour fait faire d'élégantes bannières armoriées à l'époque des magnifiques fêtes données à l'Association normande en 1858; mais le temps manqua pour consulter les registres du Cabinet des titres, où d'Hozier a consigné, en vertu d'un édit de Louis XIV, les armoiries des communautés industrielles qui existaient au commencement du xviiie siècle. D'ailleurs, plusieurs anciens corps de métiers s'étaient modifiés, tandis que beaucoup d'industries, alors peu remarquées, avaient pris d'importants accroissements. Il fallut donc, pour ces industries nouvelles, continuer et suppléer l'œuvre du généalogiste officiel.

PRÉFACE.

En présence de ce retour vers ces honorables souvenirs, nous avons pensé qu'il serait agréable aux corporations industrielles de ce pays de connaître les armoiries qui leur avaient été reconnues officiellement en vertu d'ordres de Louis XIV. Nous offrons donc à nos concitoyens les extraits suivants des minutes de d'Hozier. Nous avons dû nécessairement employer les mots techniques du blason : on sait que chaque art a sa langue particulière. Nous prierons seulement nos lecteurs, peu familiarisés avec ces expressions spéciales, de se rappeler que les couleurs se désignent ainsi : *gueules* signifie rouge ; *azur*, bleu ; *sinople*, vert ; sable, *noir*. La couleur de chair s'appelle *carnation*.

EVREUX.

Voici les armoiries qui furent attribuées par d'Hozier aux communautés d'arts et métiers qui existaient il y a cent cinquante ans à Evreux :

La communauté des *bonnetiers et chapeliers* : d'argent à trois formes de chapeaux de sable, deux et un.

Merciers, épiciers, chandeliers et apothicaires : de gueules à trois balances d'argent, deux et un.

Merciers, joailliers, manchonniers et gantiers : d'azur à une balance d'or, accompagnée en pointe d'un gant d'argent posé en pal (debout).

Maçons et charrons : parti au premier d'azur, à une truelle d'argent, et au deuxième d'or, à deux roues de gueules l'une sur l'autre.

Cordonniers et carreleurs : de gueules à un couteau à pied d'argent.

Menuisiers et sabotiers : d'azur à un rabot d'or posé en fasce.

Monniers : d'azur à un saint Martin vêtu pontificalement en évêque crossé et mitré d'or, tenant en sa main dextre un moulin à vent d'argent.

Tailleurs d'habits et couroyeurs : parti au 1er d'azur à des ciseaux d'or ouverts en sautoir ; au 2e, de sable à un couteau d'argent posé en pal.

Boulangers : de sable à 2 pelles de four d'argent passées en sautoir, et chargées chacune de 3 pains de gueules.

Serruriers, vitriers et éguilletiers : d'or à une fasce losangée d'argent et d'azur, accompagnée de 2 marteaux de sable, l'un en chef et l'autre en pointe.

Toiliers : d'azur à 3 fasces d'argent.

Estaimiers : d'azur à une Notre-Dame d'argent.

Selliers

Selliers, bastiers et cordiers : d'argent à un collier de cheval de gueules, accompagné en chef d'un marteau de sable à dextre, et d'un paquet de cordes de gueules à senestre.

Pâtissiers, rôtisseurs et orlogeurs : de gueules à 3 roues d'or, deux et une.

Ces diverses communautés d'Evreux, cité épiscopale, payèrent, pour l'enregistrement de leurs armoiries, 50 liv. chacune; celles des villes voisines, Louviers, Pacy, Vernon, etc., ne furent taxées qu'à 25 livres.

PACY-SUR-EURE.

Le registre de d'Hozier n'indique d'armoiries que pour les deux corporations suivantes :

La communauté des *boulangers, bouchers et chirurgiens* : tiercé en pal au premier d'or à une pelle de four de sable en pal, chargée de trois pains d'argent; au deuxième, de gueules à un fusil de boucher d'argent, aussi posé en pal, et au troisième d'azur, à une lancette d'argent emmanchée et clouée d'or.

Les *serruriers, maréchaux, charpentiers, maçons et tailleurs* ne formèrent aussi à Pacy qu'une seule corporation, ayant pour écusson : d'azur à un saint Éloy, évêque, d'or, tenant en sa main dextre un marteau d'argent emmanché d'or.

LOUVIERS.

La communauté des *toiliers* : de sable à deux fasces d'argent.

Drapiers de draps fins : d'argent à cinq pièces de draps en pile d'azur, de gueules, d'or, de sable et de sinople.

Chirurgiens : d'azur à un saint Cosme d'or, tenant une spatule d'argent en sa main dextre.

Chandeliers ciriers : d'or à une chaudière de sable surmontée en chef d'un paquet de cierges de sinople et d'un paquet de chandelles de gueules, les mèches d'argent.

Maréchaux : d'argent à une butte de sable posée en pal, accostée de deux fers de cheval de même.

Merciers : de gueules à une balance d'or, accompagnée en pointe d'un marc de même.

Blanchœuvres-taillandiers : d'argent à trois maillets de sable, deux et un.

Drapiers-détailleurs : d'or à une fasce de gueules, accompagnée en pointe d'une paire de ciseaux d'azur ouverte en sautoir.

Bouchers : de gueules à un fusil de boucher d'argent, emmanché d'or, posé en pal.

Tanneurs : de sable à deux couteaux de tanneur d'argent, emmanchés d'or, passés en sautoir.

Les armoiries des tanneurs se retrouvent encore dans les anciens vitraux de Notre-Dame de Louviers.

Tailleurs d'habits : de sable à des ciseaux d'or ouverts en sautoir.

Cordiers : d'argent à un paquet de cordes de gueules en chef, et une roue de sable en pointe.

Menuisiers : d'azur à un rabot d'or posé en fasce, surmonté d'un maillet de même.

Boulangers : d'argent à une pelle de four de sable posée en fasce, chargée de trois pains d'argent.

Futaillers : d'argent à trois barils de sable, cerclés d'or, posés sur leur cul, deux et un, et un maillet aussi de sable, posé en cœur.

D'Hozier n'avait pas enregistré l'écusson des *cardeurs* ou laineurs de Louviers, qui cependant brille encore dans le couronnement d'une verrière, auprès des fonts baptismaux, dans l'église Notre-Dame de Louviers.

On trouvera dans l'*Annuaire de l'Association normande* de 1859, p. 184, la description des bannières armoriées qui figurèrent aux fêtes de 1858.

PONT-DE-L'ARCHE.

La communauté des *chirurgiens* de Pont-de-l'Arche avait les mêmes armoiries que celle de Louviers.

Les *chandeliers* : d'azur à une chaudière d'or, surmontée de deux paquets de chandelles d'argent.

Serruriers-taillandiers : d'argent à une clef de sable et un maillet de même, passés en sautoir.

Toiliers : d'azur à 2 fasces d'argent.

Bouchers-chaircuitiers : d'argent à un saint Laurent de carnation, vêtu en diacre de gueules, tenant en sa main dextre un gril de sable, et de sa senestre une palme de sinople.

Boulangers : d'or à deux pelles de four de gueules, passées en sautoir, chacune chargée de 3 pains d'argent.

A Evreux et aux Andelys, l'écusson

des boulangers était composé de la même manière; les couleurs seules différaient.

A Louviers, les *cordonniers* paraissent n'avoir pas eu de blason; ceux de Pont-de-l'Arche avaient un écusson d'azur à un couteau à pied d'argent emmanché d'or.

DAMVILLE.

Chandeliers et ciriers : de sable à 3 flambeaux d'or posés en pal, allumés de gueules.

Chirurgiens : d'azur à un rasoir ouvert d'argent emmanché d'or posé en fasce accompagné en chef d'une lancette d'argent emmanchée de sable et clouée d'or, et en pointe d'une spatule d'argent couchée.

Boulangers : d'azur à une pelle de four d'argent posée en pal chargée de trois pains de sable.

Taillandiers et maréchaux : de sable à un maillet d'or.

Tisserands en laine : d'argent à une navette de gueules posée en pal surmontée d'une demi-aune d'azur marquée d'or et couchée en chef.

Cordonniers : de sable à un couteau à pied d'argent emmanché d'or.

NEUBOURG

NEUBOURG.

Boulangers : d'azur à une pelle de four d'argent posée en fasce chargée de 3 pains de gueules.

Bouchers : de gueules à un fusil de boucher d'argent posé en pal.

Cordonniers : de gueules à un tranchet d'argent emmanché d'or, posé en pal.

Ciriers et chandeliers : d'azur à 4 cierges d'argent posés en pal allumés de gueules.

Taillandiers et maréchaux : d'argent à 2 maillets de sable en chef et une enclume de même en pointe.

Merciers : de gueules à une aune d'or posée en pal.

CONCHES

Boulangers : de gueules à une pelle de four d'argent posée en pal chargée de 3 pains de gueules.

Bourreliers : d'or à un collier de cheval de gueules.

Toiliers : d'azur à 2 fasces d'argent.

Tailleurs : d'azur à des ciseaux d'or ouverts en sautoir.

Chirurgiens : d'argent à une bande de gueules chargée d'un clou d'or.

Pâtissiers : de sinople à 1 fasce d'or chargée d'une baïonnette de sable.

Drapiers, tanneurs et mégissiers : de gueules à une toison d'argent étendue en fasce.

Ciriers et chandeliers : d'azur à des balances d'or surmontées de 2 paquets de cierges d'argent.

LA FERRIERE.

Bouchers : d'or à un rencontre de bœuf de gueules surmonté d'un couperet de sable.

CONCHES ET LA FERRIERE.

Maçons : d'azur à une truelle d'argent emmanchée d'or.

Charpentiers : d'azur à un rabot d'or posé en fasce.

Cloutiers : d'or à un marteau de sable accosté de 2 clous de même.

Aléniers : de sable à 3 alênes d'argent emmanchées d'or posées en pal deux et une.

Merciers grossiers : d'azur à une demi-aune d'argent posée en fasce alezée et marquée de sable.

Maréchaux : d'argent à un marteau de sable accosté de deux fers de cheval de même.

Savetiers : de gueules à un tranchet d'argent emmanché d'or posé en bande.

Bonnetiers et chapeliers : d'argent à un chapeau de sable accompagné de deux bonnets de gueules, 2 en chef et 1 en pointe.

Armuriers et serruriers : d'azur à un marteau d'or adextré d'une épée d'argent la pointe en bas et senestré d'une clef de même.

Menuisiers : d'azur à un rabot posé en fasce d'or accompagné en chef d'un compas d'argent et en pointe d'un maillet de même.

Cordonniers : de sable à un couteau à pied d'argent emmanché d'or.

BEAUMONT-LE-ROGER.

Chirurgiens de Beaumont : d'argent à un saint Cosme et un saint Damien de carnation vêtus en robes longues de sable, leurs têtes couvertes chacun d'un bonnet de même, l'un tenant une spatule de sable et l'autre tenant une boîte couverte de même.

Le corps des officiers de la vicomté de Beaumont : d'azur à une montagne d'argent surmontée de 3 fleurs de lys de même rangées en chef.

BRETEUIL.

Tailleurs : d'azur à des ciseaux d'or ouverts en sautoir.

Chirurgiens : de sable à une bande d'argent chargée d'un cœur de sinople.

Boulangers : d'or à une barre d'azur chargée d'une croisette pattée d'argent.

Chandeliers : d'or à 1 fasce de gueules chargée d'une quintaine d'argent.

Bouchers : d'or à un pal de sinople chargé d'un lambel de 3 pendants d'argent.

Cloutiers : d'or à une bande de sable chargée d'une roue d'argent.

Maréchaux : d'argent à une bande d'azur chargée d'une baïonnette d'or.

LYRE.

Tailleurs : de gueules à des ciseaux d'argent ouverts en sautoir.

VERNEUIL.

Drogueliers : d'azur à une aune d'argent marquée de sable posée en fasce accompagnée en pointe d'une paire de ciseaux d'argent.

Cordonniers : d'azur à un tranchet d'argent emmanché d'or.

Charpentiers : d'azur à un compas d'argent ouvert en chevron accompagné en chef de 2 maillets d'or et en pointe d'une hache d'argent emmanchée d'or.

Sergers : de gueules à 3 griffons d'or 2 et 1.

Boulangers : d'argent à une pelle de four de gueules posée en pal chargée de 3 pains d'or.

Cabaretiers : d'or à une fasce de

gueules accompagnée de 3 barils de même cerclés d'argent.

Bouchers : d'argent à 1 fusil de sable.

Chirurgiens et apothicaires : de gueules à une spatule à dextre d'argent, et une boite couverte d'or à senestre.

Maréchaux : d'azur à un saint Eloi d'or.

Tanneurs : de sable à deux couteaux de tanneur d'argent emmanchés d'or, passés en sautoir.

BERNAY

BERNAY.

Le *collége de Bernay* : d'azur à un nom de Jésus d'or.

Marchands drapiers : d'azur à une fasce d'or chargée d'un lambel de 3 pendants de gueules.

Marchands merciers : d'azur à un pal d'argent chargé d'une roue de gueules.

Toiliers : d'azur à une navette d'or posée en fasce, soutenue d'une demi-aune d'argent marquée de sable, aussi posée en fasce.

Tisserands et foulons : d'azur à une navette d'or posée en bande.

Chandeliers : de gueules à des balances d'or accompagnées en pointe d'un paquet de chandelles d'argent.

Bouchers : de gueules à un rencontre de bœuf d'or surmonté d'un couperet d'argent.

Hôteliers : d'azur à une sainte Vierge d'argent levant les yeux et les mains au ciel.

Serruriers et arquebusiers : de sable à un maillet d'argent emmanché d'or, adextré d'une clef d'argent, et senestré d'un canon d'arquebuse de même, le tout en pal.

Charpentiers et menuisiers : d'azur à un rabot d'or posé en fasce.

Boulangers : de sable à une pelle de four d'argent posée en pal, chargée de trois pains de gueules.

Savetiers : d'argent à un couteau à pied d'azur.

Cordonniers : d'azur à un tranchet d'argent emmanché d'or posé en pal.

Tanneurs : de gueules à deux couteaux de tanneurs d'argent, emmanchés d'or, posés en pals.

Chirurgiens et perruquiers : d'azur à un rasoir ouvert d'argent, emmanché d'or, posé en pal à dextre et un peigne aussi d'or et posé en pal à senestre.

Mégissiers, chapeliers et corroyeurs : d'azur à une toison d'or en chef et un chapeau aussi d'or en pointe.

Marchands de frocs : d'azur à une Notre-Dame d'or.

Tondeurs et cardeurs : de gueules à une paire de forces d'argent et une carde de même.

Tailleurs : d'azur à des ciseaux d'or ouverts en sautoir.

VERNON.

La communauté des *marchands de fer* figure la première dans l'ordre du registre; ses armes sont : d'argent à une croix fleurdelysée de sable.

Viennent ensuite plusieurs corporations des Andelys; puis les *corroyeurs* de Vernon, dont l'écusson est : d'or à un S. Simon de gueules, tenant en sa main dextre un couteau d'argent.

Les *tanneurs* : de sable à deux couteaux de tanneurs d'argent posés en sautoir.

Les *cordonniers* de Vernon avaient le même blason que ceux d'Evreux : de gueules au couteau à pied d'argent.

On trouve leur écusson gravé avec celui des cordonniers des villes voisines dans l'*Histoire des cordonniers*, par MM. P. Lacroix et F. Séré.

Charpentiers : de sable à une hache ou cognée d'argent et une équerre de même, passées en sautoir.

Panetiers : d'azur à trois fasces d'argent, chargées chacune de trois mouchetures d'hermines de sable.

Bonnetiers : d'or à trois bonnets d'azur, 2 et 1.

Pâtissiers : de gueules à une pelle de four d'argent posée en pal accostée de deux pâtés d'or.

Cordiers : d'or à trois paquets de cordes de gueules 2 et 1.

Boulangers : de sable à une pelle de four d'argent en pal, chargée de 3 pains de gueules. Sauf les couleurs, c'est le même écusson qu'à Louviers.

Tailleurs d'habits : d'azur à des ciseaux d'or ouverts en sautoir.

Serruriers : d'argent à une clef de sable posée en pal.

Estaimiers : d'azur à une Notre-Dame d'argent. — Comme à Evreux.

Telliers-tisserands : de sinople à deux fasces d'argent et une navette de gueules en pal brochant sur le tout.

Menuisiers : d'azur à un rabot d'or posé en fasce. — De même à Gisors.

Maçons : d'argent à un marteau de sable accosté de deux truelles d'azur emmanchées d'or.

Merciers : d'azur à une balance d'or accompagnée en pointe d'un marc de même. Voy. Gisors et Pont-Audemer.

Taillandiers : d'argent à un maillet de sable.

Chapeliers : d'or à trois chapeaux de gueules, 2 et 1.

Epiciers-ciriers : de sable à une balance d'argent.

Pêcheurs : d'azur à trois poissons d'argent et un réseau de sable brochant sur le tout.

Tonneliers : d'argent à 3 barils de gueules posés sur leurs fonds 2 et 1, et un maillet de sable posé en cœur.

Apothicaires : d'argent à trois bottes couvertes de gueules, 2 et 1.

ANDELYS.

Boulangers : de gueules à 2 pelles de four d'argent passées en sautoir, chargées de trois pains de sable.

Chandeliers, épiciers, ciriers, merciers : d'azur à 3 balances d'or, 2 et 1, et un marc de même posé en cœur.

Drapiers drapants, couverturiers : de gueules à une aune d'argent marquée de sable posée en pal.

Saveliers : de sable à un tranchet d'argent posé en pal.

Bourreliers : d'argent à un collier de cheval de gueules posé en pal.

Pâtissiers-rôtisseurs : d'azur à 2 broches d'argent passées en sautoir, et une pelle de four de sable brochant sur le tout, chargée de 3 pâtés d'or.

Bouchers : de gueules à un couperet d'argent emmanché d'or.

Maçons : d'azur à trois truelles d'argent, 2 et 1.

Cordonniers : de gueules à un couteau à pied d'argent emmanché d'or.

Menuisiers : d'azur à un rabot d'or en fasce, surmonté d'un compas ouvert d'argent.

Merciers : de gueules à une balance d'argent accompagnée en pointe d'un marc d'or.

GISORS.

Mégissiers : d'azur à une toison d'argent étendue et posée en pal.

Tanneurs : de sable à deux couteaux de tanneur d'argent emmanchés d'or passés en sautoir.

Pâtissiers-rôtisseurs : de gueules à deux broches d'argent passées en sautoir et une pelle de four de même posée en pal brochante sur le tout, chargée d'un pâté de gueules.

Merciers : d'azur à une balance d'or accompagnée en pointe d'un marc de même.

Boulangers : de gueules à une pelle de four d'argent chargée de 3 pains de gueules.

Taillandiers, clouliers et chaudronniers : d'azur à 2 marteaux d'or en chef et un chaudron de même en pointe.

Maçons, couvreurs, plâtriers et charpentiers : d'azur à une échelle d'or posée en pal, adextrée d'une truelle d'argent et senestrée d'une hache ou cognée de même.

Cordonniers en vieux : de sable à un tranchet d'argent posé en pal.

Chirurgiens : d'azur à un saint Cosme et un saint Damien d'or.

Serruriers-arquebusiers : de sable à une clef d'argent et un pistolet d'or passés en sautoir.

Tailleurs d'habits : d'azur à des ciseaux d'or ouverts en sautoir. (Comparez Conches, Breteuil, Vernon, Pont-Audemer.)

Cordonniers en neuf : de gueules à 1 couteau à pied d'argent emmanché d'or. (Voy. Andely, Vernon et Pont-Audemer.)

Chapeliers : d'argent à trois chapeaux de gueules, 2 et 1.

Menuisiers : d'azur à un rabot d'or posé en fasce. — Comme à Evreux, à Bernay et à Vernon.

Maréchaux : d'argent à une butte

de sable posée en pal, accostée de deux fers de cheval de même.

Vanniers, tourneurs en bois et patrenotriers : d'azur à 3 roues d'or, 2 et 1.

Bouchers : de gueules à un couperet d'argent emmanché d'or.

Tonneliers : d'argent à 3 barils de gueules posés sur leurs fonds, 2 et 1, accompagnés en cœur d'un maillet de sable.

Bâtiers-bourreliers : d'argent à 2 colliers de cheval de gueules rangés en pal.

PONT-AUDEMER.

M. Canel a déjà publié, dans son intéressant *Armorial des villes de Normandie*, les armoiries des corporations de Pont-Audemer en les classant par ordre alphabétique; mais il a omis, dans la première édition, la communauté des chapeliers.

Pour ne laisser aucune ville de côté, nous terminons cette publication par l'indication complète des blasons industriels de Pont-Audemer dans l'ordre même du registre de d'Hozier:

Bâtiers : d'azur à un saint Eloi, évêque, crossé et mitré d'or.

Chapeliers : d'or à un chapeau de

gueules accompagné de trois fleurs de lys d'azur, 1 en chef et 2 aux flancs.

Merciers : d'azur à une balance d'or, accompagnée en pointe d'un marc de même. (Gisors et Vernon.)

Charpentiers : d'azur à une hache ou cognée d'argent et une équerre d'or passées en sautoir.

Cordonniers : de gueules à un couteau à pied d'argent emmanché d'or.

Savetiers : de sable à un tranchet d'argent posé en pal.

Boulangers : d'or à une pelle de four de gueules, posée en pal, chargée de trois pains d'argent.

Corroyeurs : d'azur à un saint Simon, apôtre, tenant à sa main droite un couteau d'argent.

Tanneurs : de sable à deux couteaux de tanneurs d'argent, emmanchés d'or posés en sautoir. Mêmes armes qu'à Louviers, Verneuil et Gisors.

Teinturiers : d'azur à un saint Maurice d'or sur un cheval d'argent.

Bouchers : de gueules à 1 couperet d'argent, emmanché d'or, posé en fasce.

Couvreurs : d'azur à 1 échelle d'or, posée en pal, accostée de 2 truelles d'argent.

Chirurgiens : de gueules à un saint Cosme d'or, tenant en sa main dextre une spatule d'argent. (Voyez Louviers.)

Marchands drapiers : de gueules à une aune d'argent, marquée de sable, périe en bande.

Vendeurs de grain : d'argent à trois boisseaux de gueules, 2 et 1.

Serruriers : de sable à une clef d'argent posée en pal.

Maréchaux : d'argent à une butte de sable posée en pal, accostée de deux fers de cheval de gueules.

Maîtres tailleurs d'habits : d'azur à des ciseaux d'or, ouverts en sautoir.

Menuisiers : d'azur à un rabot d'or posé en fasce.

Ecrivains : de sable à trois mains de carnation, tenant chacune une plume à écrire d'argent, posées 2 et 1.

Vitriers : coupé au 1er losangé d'argent et d'azur et au 2e d'or à un marteau de sable.

Pâtissiers : d'argent à une pelle de four de gueules, posée en pal, accostée de deux pâtés de même.

Ferronniers : d'argent à une autruche de gueules, tenant en son bec un fer à cheval de sable.

Estaimiers : d'azur à une Notre-Dame d'argent. — Comme à Evreux.

Meuniers : de gueules à un saint Martin vêtu en évêque, crossé et mitré, d'or, tenant en sa main dextre un moulin à vent d'argent. (Voy. Evreux.)

Mégissiers : d'azur à une toison d'argent étendue et posée en pal.

Toiliers : de sinople à 3 fasces d'argent.

Apothicaires : de sable à une spatule d'argent en pal, accostée de deux boîtes couvertes d'or.

Vinaigriers : d'argent à une brouette de gueules, sur laquelle un baril de sable.   **Droguistes.**

Droguistes : d'argent, à trois pains de sucre dans leurs papiers d'azur, liés d'or, posés en pal, 2 et 1.

Chandeliers : d'azur à une chaudière d'or, accompagnée en chef de deux paquets de chandelles d'argent.

ARMOIRIES DES
CONFRÉRIES
DE CHARITÉ.

En délivrant des certificats d'armoiries aux diverses corporations, ce qui produisait au fisc un droit de 25 à 50 livres par communauté, d'Hozier n'eut garde d'oublier les confréries de charité du pays d'Ouche, du Lieuvin et du Perche. Le registre manuscrit de l'armorial général pour la généralité d'Alençon contient ainsi un bon nombre de blasons dont nous donnons ici le relevé. Mais, dans les généralités de Caen et de Rouen, les commis de d'Hozier n'ayant point tenu état des blasons des charités, nous n'avons rien trouvé pour celles d'Evreux, de Louviers, des Andelys, de Vernon, etc., qui étaient dans la circonscription de la généralité de Rouen.

Aujourd'hui, dans le diocèse d'Evreux, ces confréries ne font plus figurer leurs blasons sur leurs ornements ; tandis qu'à Lisieux et aux environs ces insignes sont encore brodés sur les chaperons des frères ou au moins sur la tunique ou tabar du tintenellier. Cependant nous avons vu des chaperons faits en 1824 pour la charité de Conches, sur lesquels on avait brodé un écusson de gueules à 1 chevron et 3 coquilles d'or.

A Bernay, on comptait jusqu'à quatre confréries de charité : celle de la paroisse Sainte-Croix, celle de la paroisse de la Couture, celle de l'Hôtel-Dieu, et une quatrième au couvent des Cordeliers.

La charité de Sainte-Croix de Bernay avait pour armoiries : de sable, à une bande d'argent.

Celle de *la Couture* : d'argent à un

cœur enflammé de gueules chargé d'un nom de Jésus d'or.

Celle de l'*Hôtel-Dieu* : d'azur à une Notre-Dame ayant plusieurs personnes à genoux sous son manteau, le tout d'or.

Celle des *Cordeliers* : d'or à un cœur enflammé de gueules et percé en barre d'une flèche de sable ferrée d'argent.

La charité de la Chapelle-Gautier : d'azur à une Notre-Dame d'or.

Montreuil : d'azur à un S. Georges d'or.

Chambrais (Broglie) : d'argent à un cœur enflammé de gueules chargé d'un nom de Jésus d'argent.

Carsix : d'azur à un nom de Jésus d'or accompagné en pointe d'un cœur d'or enflammé de gueules.

Plasnes : d'azur à un cœur enflammé d'or chargé d'un nom de Jésus de gueules.

Saint-Clair-d'Arcey : d'or à un cœur enflammé de gueules.

Saint-Vincent-du-Boulay : de gueules à un cœur enflammé d'or.

Courbépine : d'argent à un cœur enflammé de gueules.

Saint-Pierre-de-Cernières : d'azur au cœur d'or enflammé de gueules.

Mesnil-Josselin : d'or à un pal de sinople chargé d'une baïonnette d'argent.

La Ferté : d'or au cœur ardent de gueules.

Landepereuse : comme la charité de la Ferté.

La Barre : d'argent à la fasce d'azur accompagnée de trois cœurs enflammés de gueules.

Menneval : d'argent au cœur ardent de gueules.

Beaumesnil : d'azur au cœur d'or enflammé.

Le Hamel : de gueules à un cœur ardent d'or percé d'une flèche de même, ferrée d'argent posée en barre.

La communauté des frères de la

charité de Thiberville : de sinople à un sabre d'or posé en pal.

Folleville : de sable à un pal d'or chargé d'une croisette pattée de sinople.

Saint-Philbert : d'or à une barre d'azur chargée d'un lambel de trois pendants d'argent.

Goupillières : de gueules à une barre d'argent chargée d'une roue d'azur.

Esmanville : de sable au sabre d'argent posé en pal.

Ormes : d'azur au mot *charitas* écrit en caractères majuscules d'or, les trois syllabes posées l'une sur l'autre.

Charité Saint-Pierre et Saint-Paul du Neubourg : de gueules au mot *charitas* écrit en caractères majuscules d'or, les trois syllabes posées l'une sur l'autre.

Hectomare : de sable au mot *charitas* d'argent, les trois syllabes l'une sur l'autre.

Rugles : d'or au mot *charitas* d'azur, etc.

Ambenay : d'or au mot *charitas* de gueules, les trois syllabes posées l'une sur l'autre.

Lyre : d'or au mot *charitas* de sable, les trois syllabes, etc.

La Ferrière : d'argent, au mot *charitas* de gueules...

Condé : d'argent, au mot *charitas* de sable, etc.

Il y aurait un livre curieux à faire sur les charités ; en attendant, nous avons cru intéressant de publier cette série de blasons complètement inédits.

FIN.

BOUCHERS D'EVREUX. Pl. I

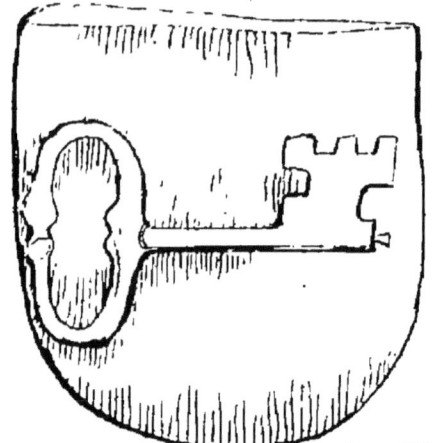

Blasons sur un ancien bâton de la corporation des Bouchers d'Evreux.

Les bouchers avaient leur confrérie en l'eglise S. Pierre d'Evreux, ce qui explique la clef qui figure dans ces écussons.

EVREUX II

Massons & Charons

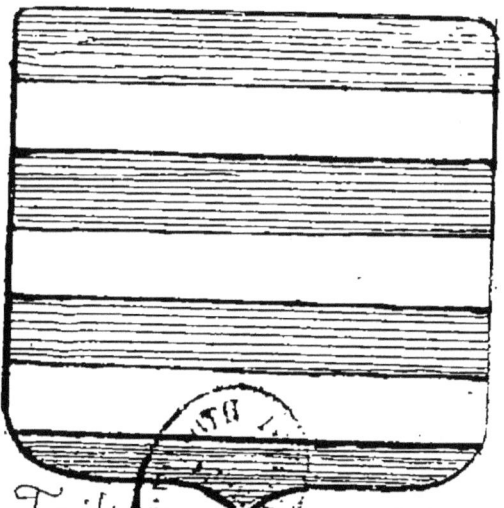

Toiliers d'après d'Hozier

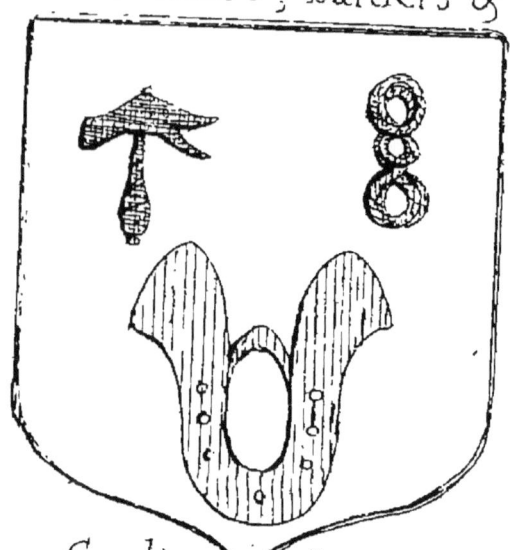

Pl. III. Selliers, bastiers &
Cordiers d'Eureux

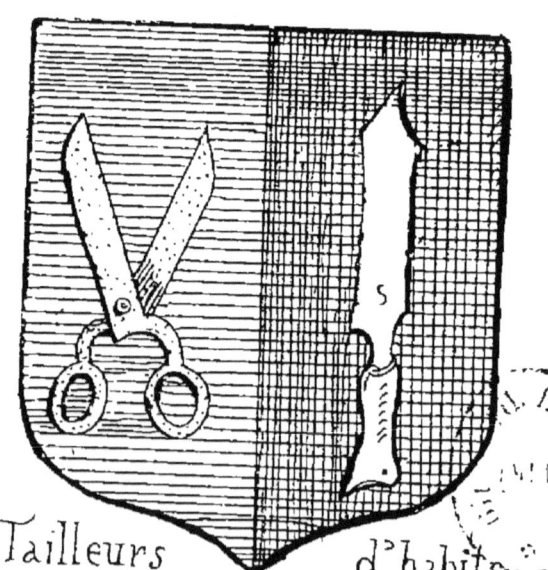

Tailleurs d'habits
& Couroyeurs d'Evreux

Pl. IV. Boulangers d'Evreux

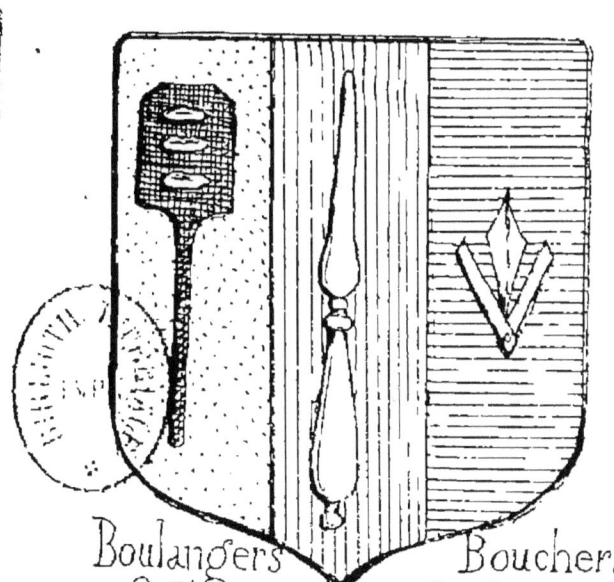

Boulangers   Bouchers
& Chirurgiens de Pacy.

Blasons dans les vitraux de l'eglise N.D. de Louviers

Tanneurs verriere de S. Nicolas; collateral nord

Tondeurs & Cardeurs vitrail près des fonts baptismaux

Pl. V

LOUVIERS. 6.

Drapiers de draps fins

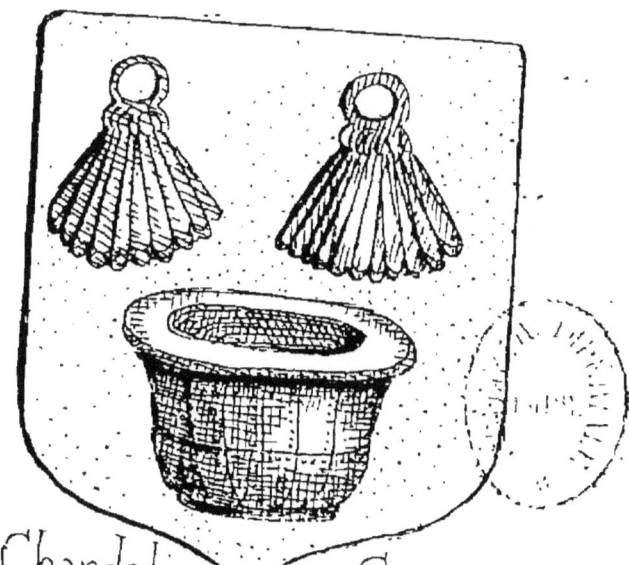

Chandeliers. Ciriers.

Pl. 7. GISORS.

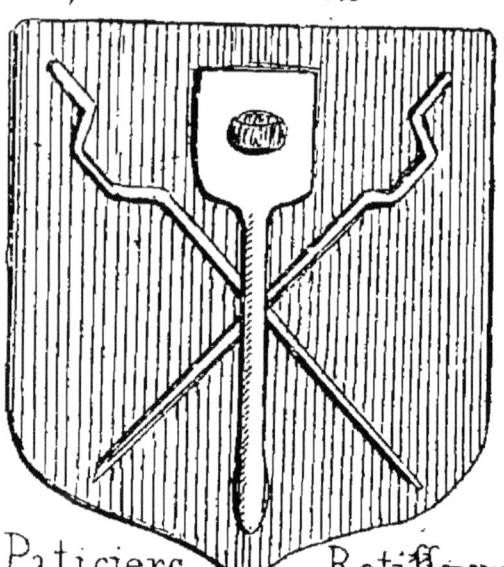

Paticiers Rotisseurs

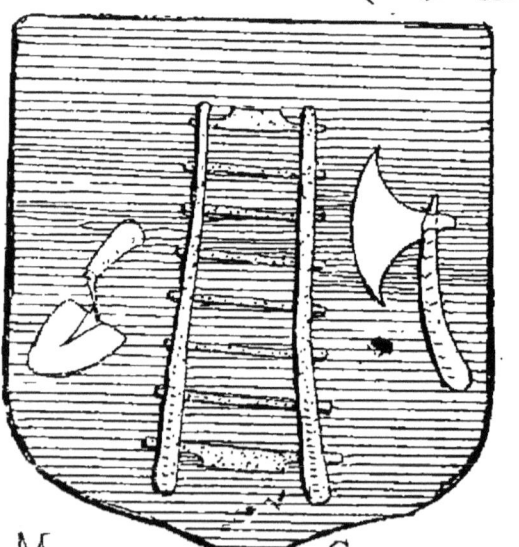

Maçons, plastriers & Couureurs, charpentiers.

Pl. 8 GISORS

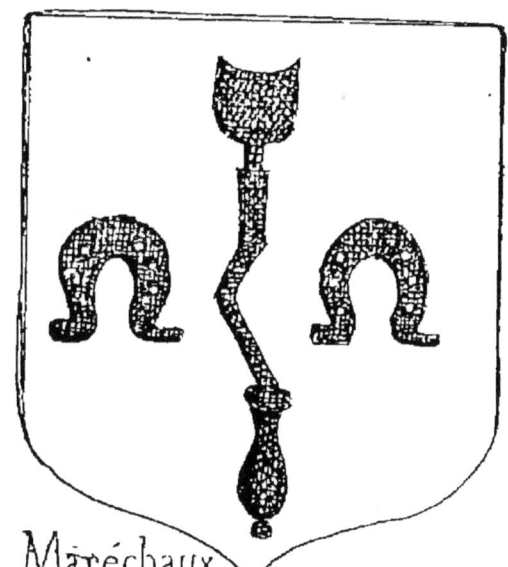

Maréchaux

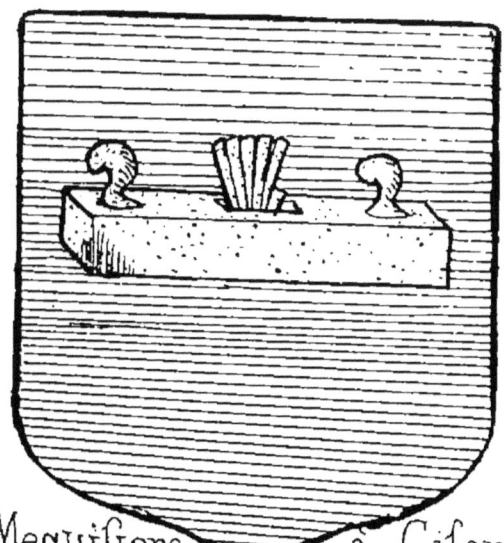

Menuisiers à Gisors
& à Evreux, Pont-Audemer,
Bernay & Vernon.

9 VERNON

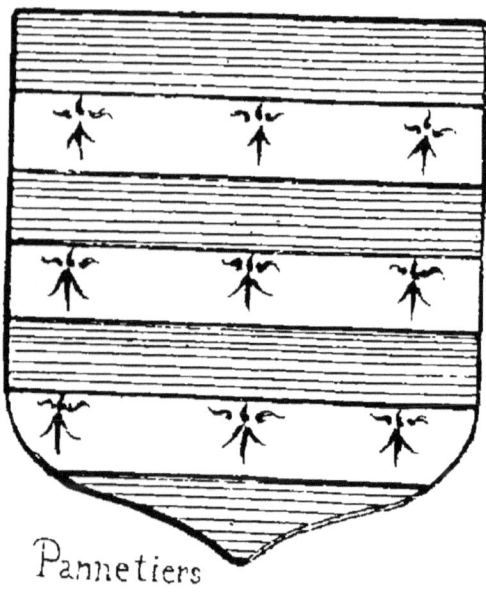

Pannetiers

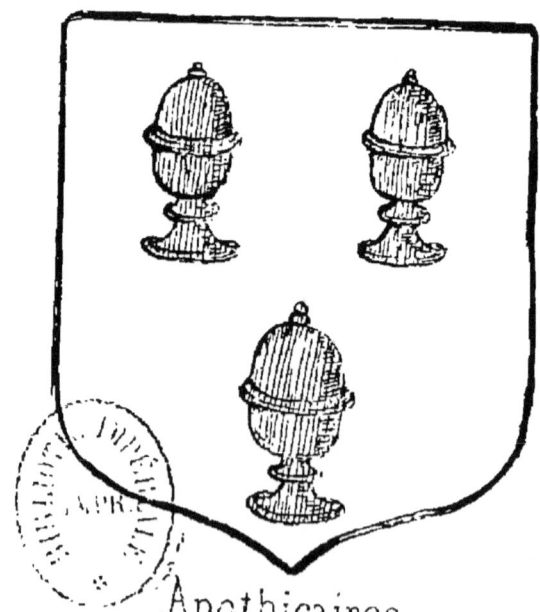

Apothicaires

.10. ANDELY

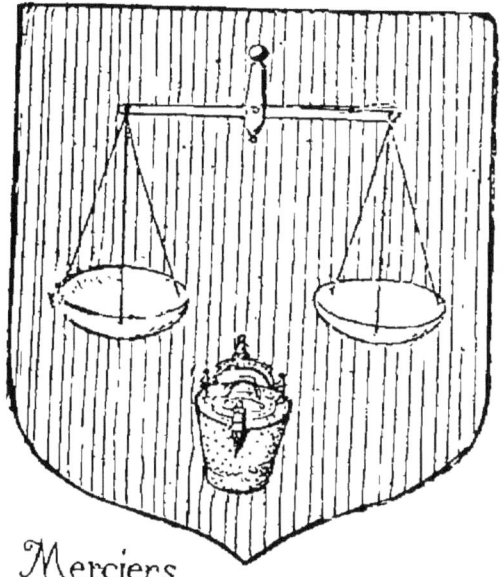

Merciers

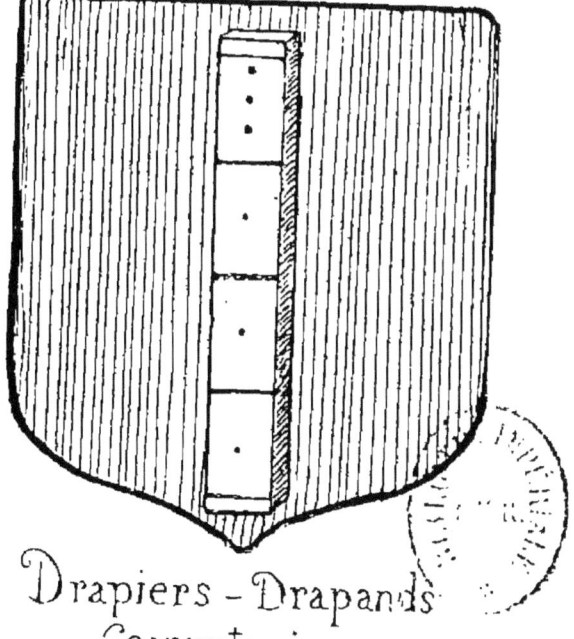

Drapiers - Drapands
Couverturiers

11 PONT-AUDEMER

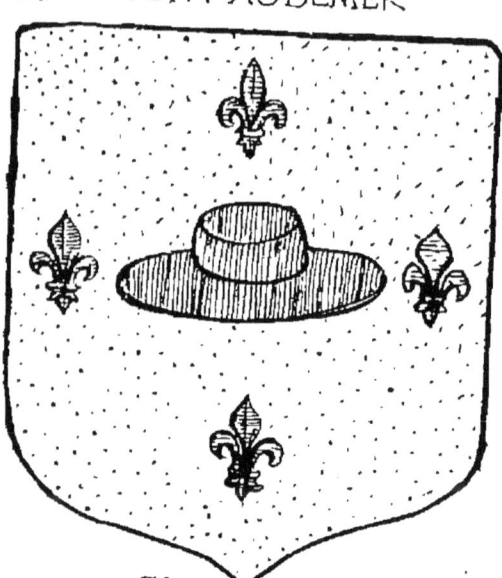

Chapeliers

Tanneurs

12   PONT-AUDEMER

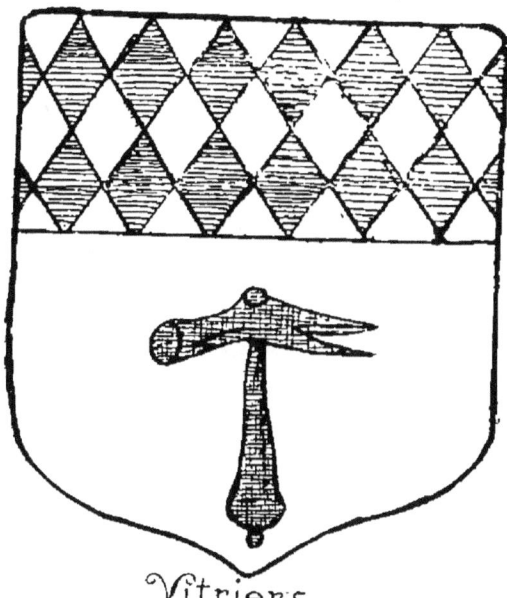

Vitriers

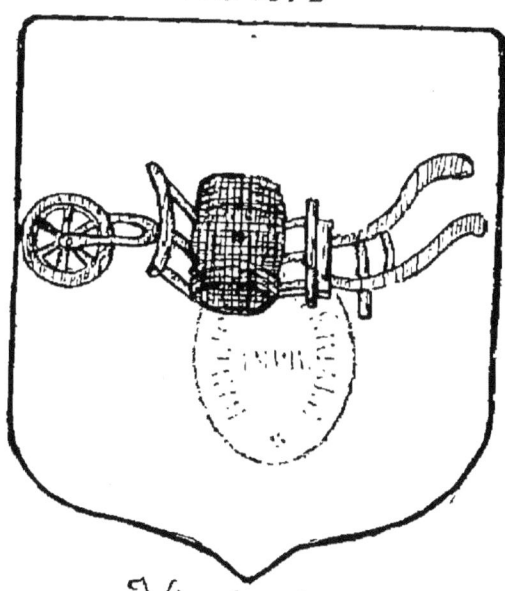

Vinaigriers

13

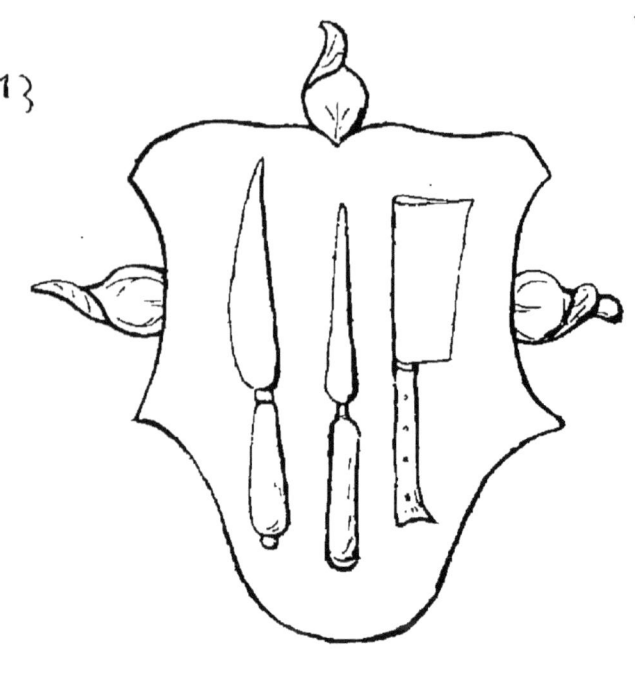

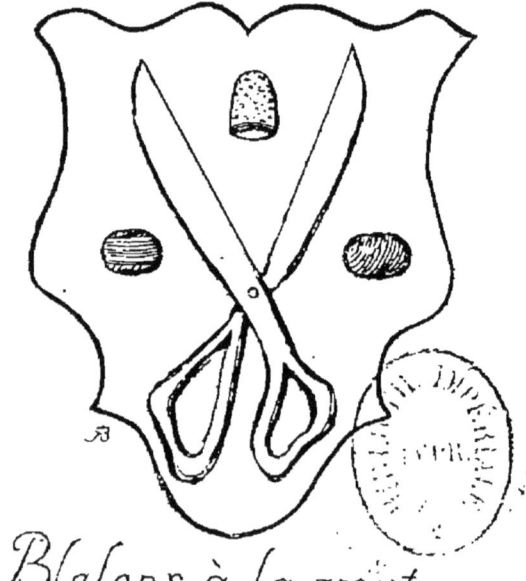

Blasons à la voûte
de l'église d'Epaignes
près de Pont-Audemer

DAMVILLE 14

Chandeliers & Ciriers

Chirurgiens

15   LE NEUBOURG.

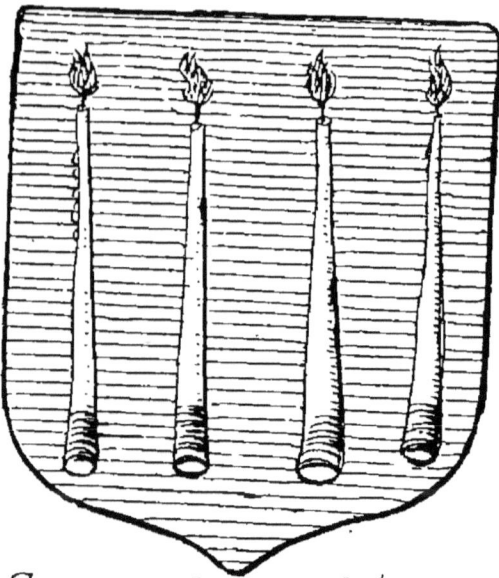

Ciriers & Chandeliers.

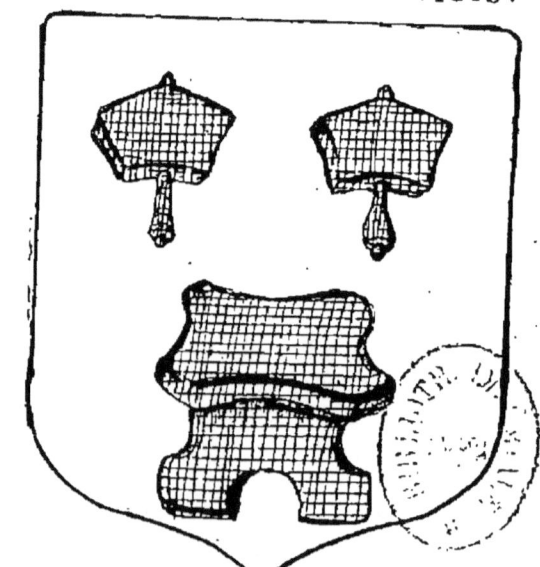

Taillandiers & Mareschaux

16. CONCHES et LA FERRIERE.

Bonnetiers & Chapeliers.

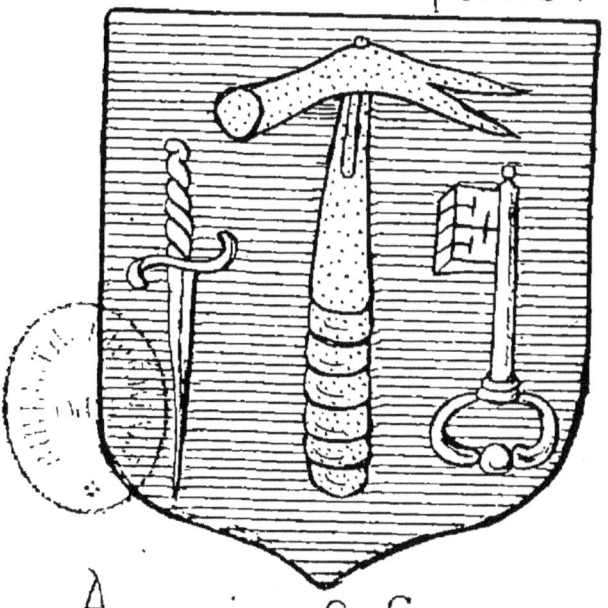

Armuriers & Serruriers

17. VERNEUIL.

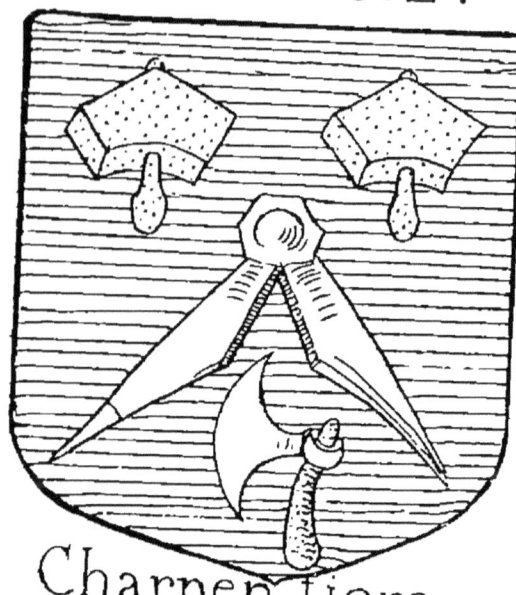

Charpentiers.

Sergers.

BRETEUIL. 18.

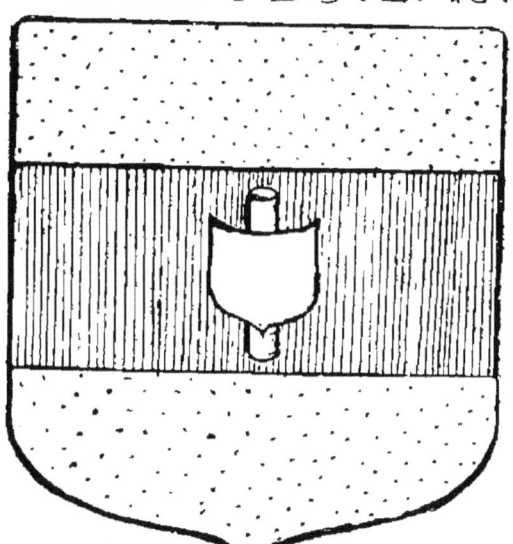

Chandeliers.

Bouchers.

19   BERNAY.

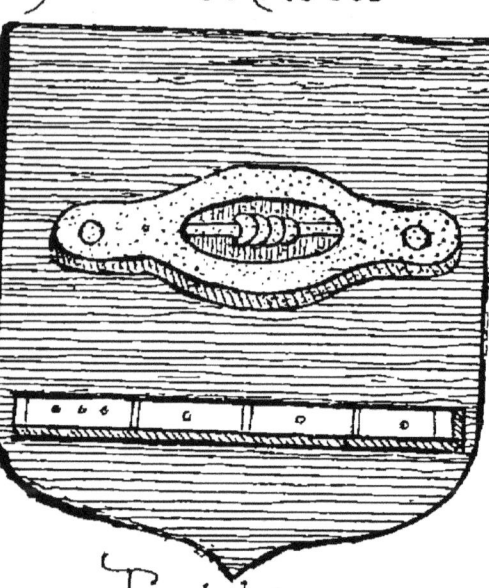

Toiliers

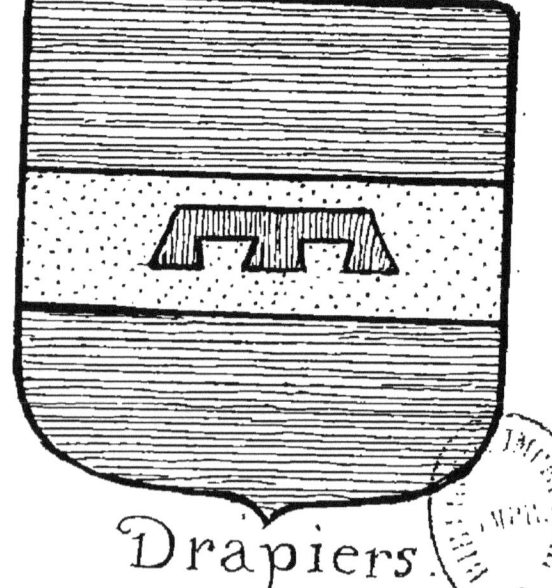

Drapiers

BERNAY. 20

Bouchers.

Chirurgiens & Perruquiers.

21

La Charité de Carfix

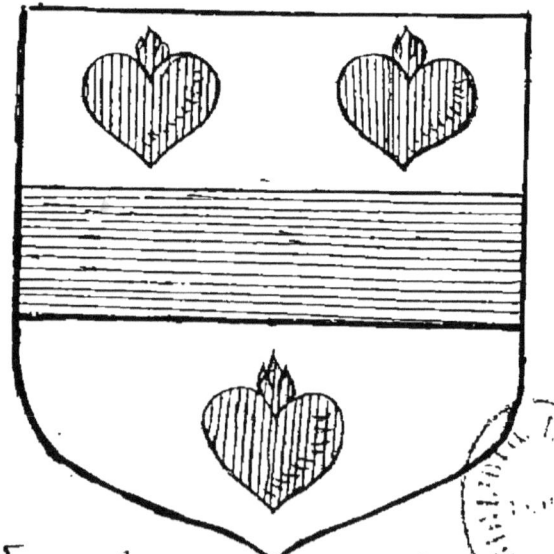

La Charité de la Barré

BERNAY. 22

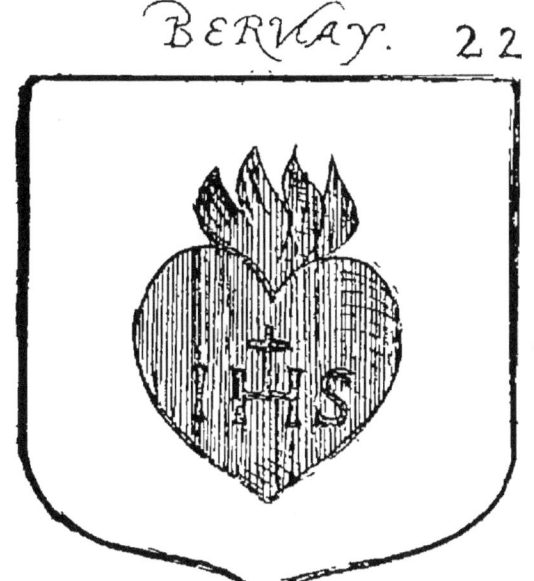

La Charité de la Couture

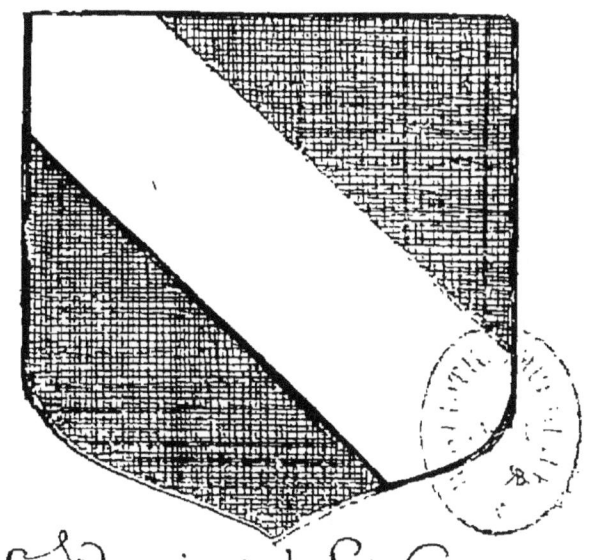

La Charité de Ste Croix

23

Les Freres de Tiberville

Rugles

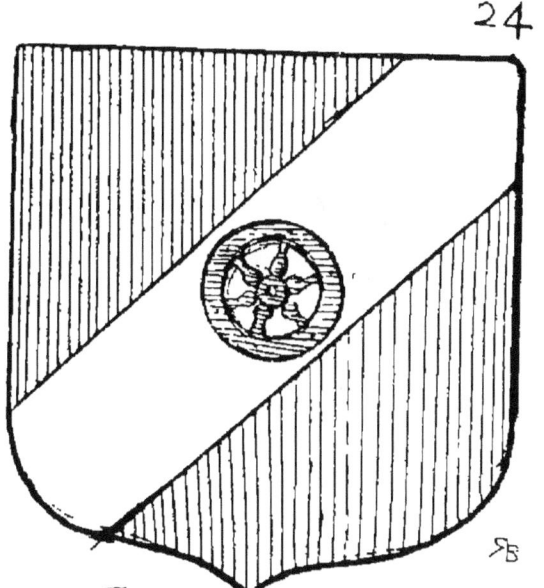

Goupillieres.

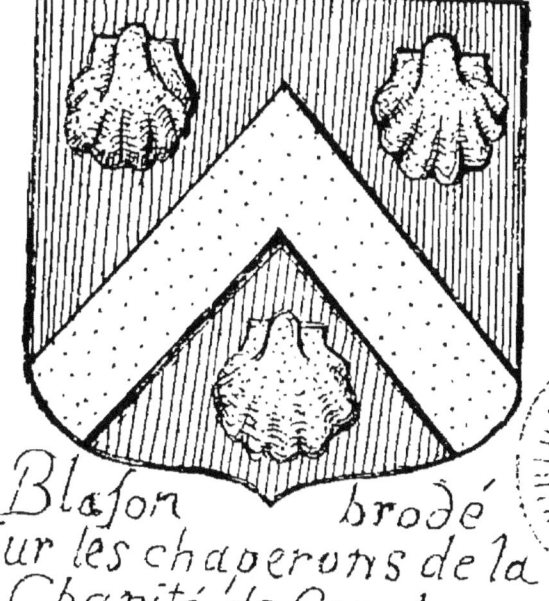

Blason brodé
sur les chaperons de la
Charité de Conches
omis par d'Hozier

www.ingramcontent.com/pod-product-compliance
Lightning Source LLC
Chambersburg PA
CBHW070319100426
42743CB00011B/2477